Kluge Frauen

die unsere Welt bewegten

arsEdition

Kluge Frauen

Die Geschichte ist geprägt von *Werken und Wirken* berühmter Malerinnen, Schriftstellerinnen, Politikerinnen und weiteren klugen Frauen. Ihre Erfahrungen und ihre Weisheit über das Leben helfen uns, neue Wege zu gehen und für die eigenen *Ideen und Vorstellungen* einzustehen.

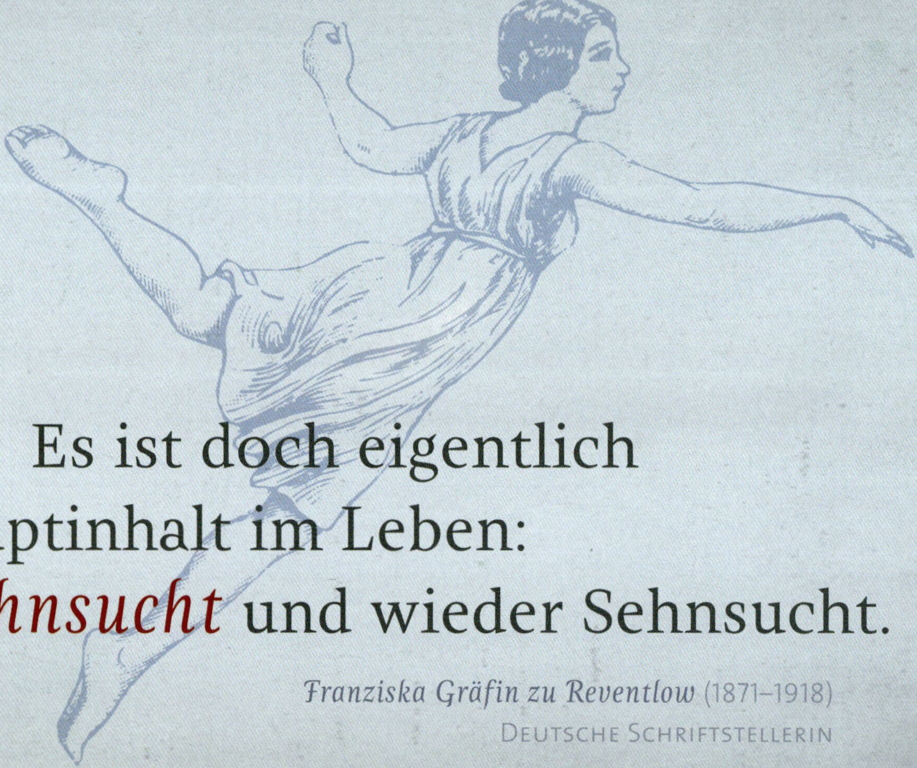

Es ist doch eigentlich
der Hauptinhalt im Leben:
Sehnsucht und wieder Sehnsucht.

Franziska Gräfin zu Reventlow (1871–1918)
DEUTSCHE SCHRIFTSTELLERIN

Eleanor Roosevelt in Stuttgart, 1948

Immer *Gerechtigkeit* für andere,
Mut für uns selbst. Das sind zwei Tugenden, worin alle andern bestehen.

Rahel Varnhagen von Ense (1771–1833)
Deutsche Schriftstellerin

Florence Nightingale empfängt die Verwundeten in Scutari, 1854.

Wenn man mit Flügeln geboren wird,
sollte man alles dazu tun,
sie *zum Fliegen* zu benutzen.

Florence Nightingale (1820–1910)
BRITISCHE KRANKENSCHWESTER

Fang immer gleich *heute* an!

Mary Shelley (1797–1851)
BRITISCHE SCHRIFTSTELLERIN

Cover zu Mary Shelleys »Frankenstein«, spätes 19. Jahrhundert

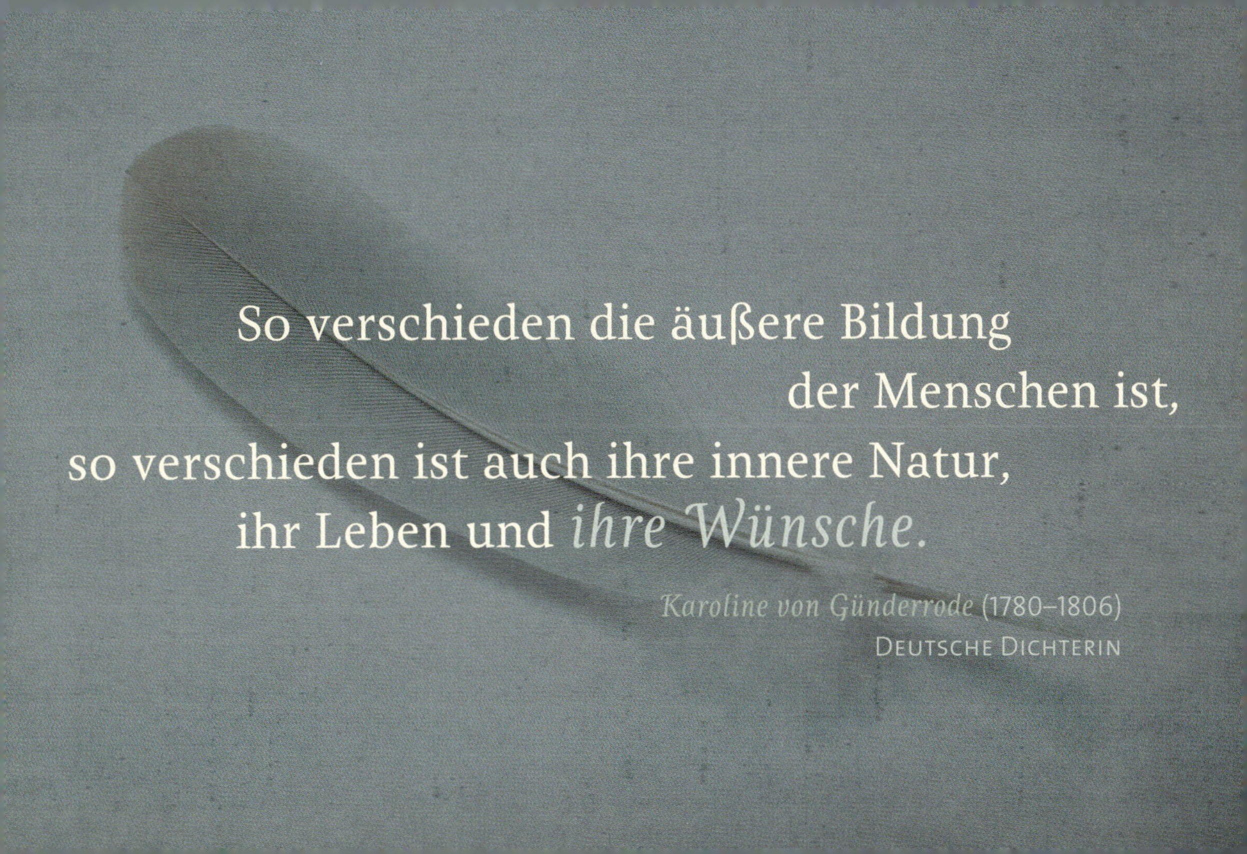
So verschieden die äußere Bildung
der Menschen ist,
so verschieden ist auch ihre innere Natur,
ihr Leben und *ihre Wünsche.*
Karoline von Günderrode (1780–1806)
Deutsche Dichterin

Es ist zweierlei,
Verstand empfangen haben
und den Verstand, den man empfangen hat,
auch anzuwenden gelernt haben.

Dorothea Christiane Erxleben (1715–1762)
DEUTSCHE ÄRZTIN

Man kann einem Kind nichts Besseres zum Erbteil mitgeben, als es ganz auf eigenen Füßen *seinen eigenen Weg* gehen zu lassen.

Isadora Duncan (1877–1927)
US-amerikanische Tänzerin

Isadora Duncan mit ihren Schülerinnen, 1909.

Zu geistiger Offenbarung
gehört *der Wille,* den Geist zu entfalten.

Bettina von Arnim (1785–1859)
Deutsche Schriftstellerin

Carl Johann Arnold: Bettina von Arnim, geborene Brentano, 1859
Frankfurter Goethe-Museum

Wenn ich jemals alle Regeln befolgt hätte,
wäre ich *niemals* vorangekommen.

Marilyn Monroe (1926–1962)
US-AMERIKANISCHE SCHAUSPIELERIN

Nach meiner Erfahrung
ist es immer am besten,
menschlich zu verfahren.

Harriet Beecher-Stowe (1811–1896)
US-AMERIKANISCHE SCHRIFTSTELLERIN

Unsere Taten
begleiten uns noch lange
auf unserer Reise,
und was wir einmal
waren, macht uns
zu dem, was wir sind.

George Eliot (1819–1880)
BRITISCHE SCHRIFTSTELLERIN

Walter James Allen: Illustration für George Eliots »Die Mühle am Floss«, undatiert

So wie *Licht und Schatten*
einander ausschließen,
ebenso werden alle Dinge
vom Gegensatz beherrscht.

Helene von Druskowitz (1856–1918)
Österreichische Philosophin

Paula Modersohn-Becker: Blick vom Weyerberg; Sammlung B. Kaufmann, Stade.

Alles in der Natur hat zwei Seiten.
Das Ergebnis *ist Leben.*
Helena Petrovna Blavatsky (1831–1891)
Russische Schriftstellerin

Der Verstand ist das Ergebnis vergangenen Denkens.

Annie Besant (1847–1933)
Britische Theosophin

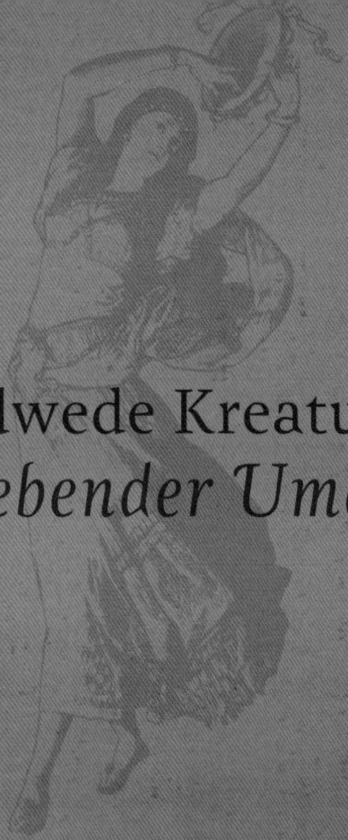

Jedwede Kreatur hat einen Urtrieb nach *liebender Umarmung*.

Hildegard von Bingen (um 1098–1179)
Deutsche Mystikerin

Zeige dich,
wie du bist,
und sei,
wie du dich zeigst.

Maria Ward (1585–1645)
BRITISCHE ORDENSSCHWESTER

Unbekannter Maler: Maria Ward, Ordensgründerin, Maria-Ward-Institut, Damenstift, Osterhofen.

Wir machen uns
selbst blind, wenn
wir die Wolke
der Gleichgültigkeit
und *den Nebel*
der Eigenliebe vor
unseren Augen dulden.

Katharina von Siena (1347–1380)
ITALIENISCHE MYSTIKERIN

Francesco Bissolo: Krönung der Katharina von Siena; Galleria dell' Accademia, Venedig

Vollkommene Bösewichter sind
vielleicht ebenso selten *wie Engel,*
vielleicht noch seltener.

Harriet Taylor Mill (1807–1858)
Britische Schriftstellerin

Was kann der Mensch
nicht aus dem Menschen
machen – *im Guten*
wie im Schlimmen.

Hedwig Dohm (1831–1919)
DEUTSCHE SCHRIFTSTELLERIN

Hedwig Dohm, geborene Schlesinger; Porträtaufnahme.

Der Mensch ist immer zugleich
Messendes und Gemessenes.

Gertrud Simmel (1864–1938)
DEUTSCHE SCHRIFTSTELLERIN

Eine Frau hat so vieles zu beachten,
besonders muss sie eine gewisse
Zurückgezogenheit behaupten,
was sehr schwer ist bei so großer *Liebe.*

Clara Schumann (1819–1896)
DEUTSCHE KOMPONISTIN

Adolph von Menzel: Clara Schumann und Joseph Joachim musizieren, 1854; Sammlung Dr. Nathan, Zürich.

Wir müssen zu unseren Ansichten
stehen und es *riskieren,*
um ihretwillen zu Fall zu kommen.

Katherine Mansfield (1888–1923)
NEUSEELÄNDISCH-BRITISCHE SCHRIFTSTELLERIN

Und solang die Pulse beben,
bis zum letzten Atemzug,
weih der *Liebe* ich dies Leben,
ihrem Segen, ihrem Fluch!

Louise Aston (1814–1871)
DEUTSCHE SCHRIFTSTELLERIN

Wüsstest du auch nur um die Hälfte der außergewöhnlichen unbesonnenen Dinge, die ich tue, du würdest gewiss dem Gedanken zuneigen, dass irgendein *Zauber* auf mir liegt.

Augusta Ada Lovelace (1815–1852)
BRITISCHE MATHEMATIKERIN

Augusta Ada Lovelace, geb. Byron, Tochter des Dichters Lord Byron.

Indira Gandhi mit Volkstänzern, 1971.

Mit einer geballten Faust kann man keinen *Händedruck* wechseln.

Indira Gandhi (1917–1984)
INDISCHE POLITIKERIN

Es gibt kein *Gefühl* ohne
das Bedürfnis, den anderen zu sehen,
ihm zu helfen, ihn zu trösten.

Germaine de Staël (1766–1817)
FRANZÖSISCHE SCHRIFTSTELLERIN

Zweifellos vermag die Politik
Großartiges zu schaffen,
aber nur das Herz vollbringt *Wunder.*

George Sand (1804–1876)
Französische Schriftstellerin

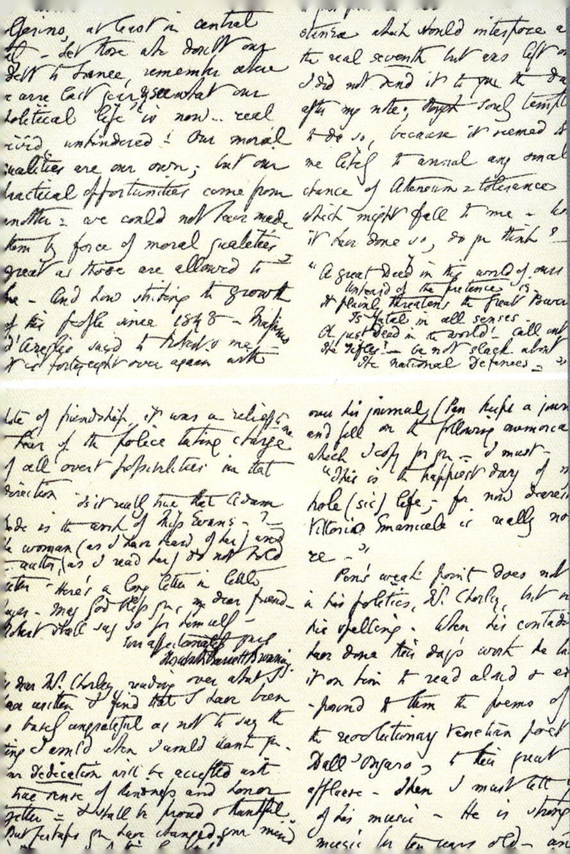

Brief von Elizabeth Barrett Browning an Henry F. Chorley aus Siena
British Museum, London

Ich liebe dich nicht nur für das, was du bist, sondern auch für das, was ich bin, wenn ich bei dir bin.
Ich liebe dich für die Seiten, die du bei mir zum Vorschein bringst.

Elizabeth Barrett Browning (1806–1861)
BRITISCHE DICHTERIN

Liebe ist
allein der Liebe Lohn.
Liebe, das einzige Gesetz
der Natur, das Herzen vereint.

Betty Gleim (1781–1827)
DEUTSCHE PÄDAGOGIN

Wir alle sind Schöpfer,
Weltschaffende,
wenn wir *lieben.*
Gertrud Simmel (1864–1938)
Deutsche Schriftstellerin

Liebe erweckt wieder *Liebe.*

Teresa von Avila (1515–1582)

Spanische Mystikerin

Lieber ein mittelmäßiger *Frieden*
als ein glorreicher Krieg.

Maria Theresia (1717–1780)
ÖSTERREICHISCHE FÜRSTIN

Louis Joseph Maurice: Maria Theresia mit Söhnen, 1775; Kunsthistorisches Museum, Wien

Die Vernunft ist einfach die Fähigkeit zur *Vervollkommnung.*

Mary Wollstonecraft (1759–1797)
BRITISCHE SCHRIFTSTELLERIN

Ehrlichkeit
ist das Einzige,
was höher steht
als Leben, Liebe, Tod,
als alles andere.
Sie allein ist beständig.

Katherine Mansfield (1888–1923)
NEUSEELÄNDISCH-BRITISCHE SCHRIFTSTELLERIN

Katherine Mansfield, Fotografie.

Nur indem wir beständig von dem *Gefühl* unserer Unvollkommenheit begleitet werden, vervollkommnen wir uns.

Helene von Druskowitz (1856–1918)
Österreichische Philosophin

Annie Besant und das Streik-Komitee (gegen die Streichholzfabrik Bryant & May), 1888.

Der Verstand
ist von sich aus
streitsüchtig,
besteht doch sein eigentliches *Wesen* darin,
seine Verschiedenheit von anderem zu behaupten.

Annie Besant (1847–1933)
BRITISCHE THEOSOPHIN

Wenn man
Selbstwertschätzung
besitzt,
steht man *über*
den Vorurteilen.

Olympe de Gouges (1748–1793)
FRANZÖSISCHE SCHRIFTSTELLERIN

Ich wünsche für die Frauen
keine *Macht* über Männer,
aber die Macht über sich selbst.

Mary Wollstonecraft (1759–1797)
BRITISCHE SCHRIFTSTELLERIN

Männliche Dummheit bereitet
mir größtes Vergnügen.
Gott sei Dank ist das eine
schier *unerschöpfliche Quelle*
der Unterhaltung.

Mary Wortley Montagu (1689–1762)
Britische Schriftstellerin

Spencer Tracy und Katharine Hepburn im Film »Without Love«, 1945

Ich frage mich manchmal, ob Männer
und Frauen wirklich *zueinanderpassen*.
Vielleicht sollten sie einfach nebeneinander
wohnen und sich nur ab und zu besuchen.

Katharine Hepburn (1907–2003)
US-AMERIKANISCHE SCHAUSPIELERIN

Calamity Jane, Plakat

Ich kümmere mich um meine eigenen Angelegenheiten, aber vergiss nicht: Wenn es etwas gibt, was die Welt hasst, so ist es eine Frau, die sich um ihre eigenen *Angelegenheiten* kümmert.

Calamity Jane (1852–1903)
US-amerikanische Wild-West-Heldin

Unser Weltall ist nur eins aus einer unendlichen Anzahl von Universen.

Helena Petrovna Blavatsky (1831–1891)

Russische Schriftstellerin

Berthe Morisot: Großvater und Kind auf der Gartenbank, 1886, Christie's Images Ltd

Mein Ehrgeiz beschränkte sich darauf,
etwas von dem, was vorbeizieht, festzuhalten.
Etwas! Sogar dieser Ehrgeiz ist noch maßlos.

Berthe Morisot (1841–1895)
Französische Malerin

Der Geist ist mehr zu leisten imstande, wenn er häufig wieder zu einem schwierigen Problem zurückkehrt, als wenn er dabei ohne Unterbrechung verweilt.

Harriet Taylor Mill (1807–1858)
Britische Schriftstellerin

Ein Merkmal *großer* Menschen ist, dass sie an andere weit geringere Anforderungen stellen als an sich selbst.

Marie von Ebner-Eschenbach (1830–1916)
Österreichische Schriftstellerin

Bete nicht
um leichtere Lasten,
sondern um
einen *starken*
Rücken.

Teresa von Avila (1515–1582)
SPANISCHE MYSTIKERIN

Juan de la Miseria: Hl. Theresia von Avila, 1567; Kloster Santa Teresa, Avila.

Käthe Kollwitz vor einem Selbstbildnis.

Gestalt hat nur für uns,
was wir *überschauen* können.
Karoline von Günderrode (1780–1806)
DEUTSCHE DICHTERIN

Die Ruhe, die Tatenlosigkeit
ist gut und reizend,
aber das Schaffen, das Hervorbringen
hat tausendfältiges Lächeln.
Sophie Mereau (1770–1806)
Deutsche Schriftstellerin

Was ist am Ende der Mensch
anderes als *eine Frage?*

Rahel Varnhagen von Ense (1771–1833)
DEUTSCHE SCHRIFTSTELLERIN

Die Gräslein können
den Acker nicht begreifen,
aus dem sie *sprießen*.

Hildegard von Bingen (UM 1098–1179)
DEUTSCHE MYSTIKERIN

Ihr könnt Taten verfolgen,
nicht aber Überzeugungen,
das Denken muss frei sein.

George Sand (1804–1876)
Französische Schriftstellerin

François Sicard, George Sand, Skulptur von 1905; Jardin du Luxembourg, Paris.

Rigoberta Menchú auf einer Pressekonferenz in Barcelona, 2008.

Warum können wir uns nicht
in *Träumen* treffen und uns alle
unsere Fragen beantworten?

Katherine Mansfield (1888–1923)
NEUSEELÄNDISCH-BRITISCHE SCHRIFTSTELLERIN

Romanschreiber
sollten des Studiums
des *echten Lebens*
nie überdrüssig werden.

Charlotte Brontë (1816–1855)
BRITISCHE SCHRIFTSTELLERIN

Marie Kinsky: Marie von Ebner-Eschenbach, 1912; Handschriftensammlung d. Wiener Stadt- und Landesbibliothek

Selbstdenken ist der höchste Mut.
Wer wagt, selbst zu denken,
der wird auch *selbst handeln.*

Marie von Ebner-Eschenbach (1830–1916)
Österreichische Schriftstellerin

Bewusstsein *ist Bewegung.*

Annie Besant (1847–1933)
Britische Theosophin

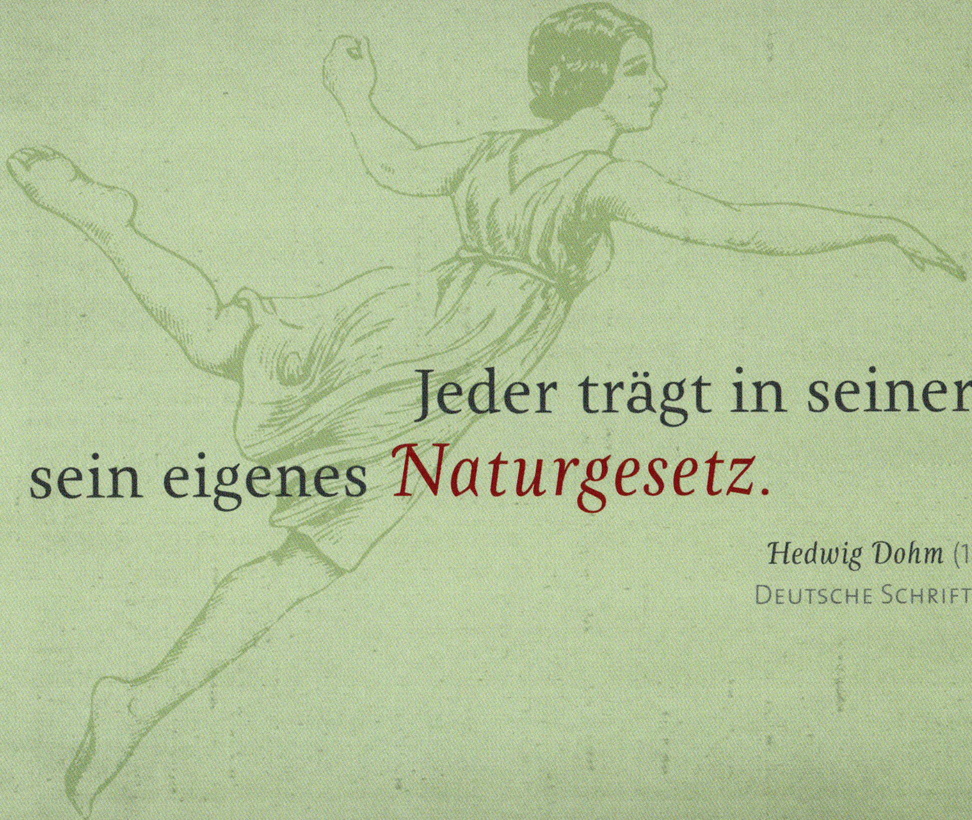

Jeder trägt in seiner Brust
sein eigenes *Naturgesetz.*

Hedwig Dohm (1831–1919)
Deutsche Schriftstellerin

Wir dürfen nicht meinen,
unsere *Seele* sei etwas Winkeliges
und Begrenztes.

Teresa von Avila (1515–1582)
Spanische Mystikerin

Seid Idealisten
bis ins Greisenalter.
Idealisten,
die eine Idee verkörpern.
Dann habt ihr gelebt.

Paula Modersohn-Becker (1876–1907)
DEUTSCHE MALERIN

Paula Modersohn-Becker: Selbstbildnis mit Kamelienzweig, 1907; Museum Folkwang, Essen

Es ist reine *Zeitverschwendung,*
etwas Mittelmäßiges zu tun.

Madonna (GEB. 1958)
US-AMERIKANISCHE SÄNGERIN

Madonna, Auftritt auf dem Benefiz-Konzert »Hope for Haiti«, 2010

Meine Kunst lasse ich nicht liegen,
ich müsste mir
ewige Vorwürfe machen!

Clara Schumann (1819–1896)
Deutsche Komponistin

Im *Herzen* wird das Denken
der Menschen geordnet
und der Wille großgezogen.

Hildegard von Bingen (um 1098–1179)
Deutsche Mystikerin

Wissen wir denn,
ob das, was uns heute
utopisch erscheint,
in der nächsten,
übernächsten Epoche
nicht schon *Realität*
sein kann?

Louise Michel (1830–1905)
FRANZÖSISCHE SCHRIFTSTELLERIN

Louise Michel spricht beim Volksaufstand der »Pariser Kommune« 1871

Derjenige, der den Lauf des Lebens mit
einem philosophischen Auge betrachtet,
hält sich nicht mit den eitlen Meinungen
der Menschen auf, er wird glücklich
in der Gesellschaft derjenigen,
die mit ihm sympathisieren,
ohne populäre Ideen anzunehmen.

Olympe de Gouges (1748–1793)
FRANZÖSISCHE SCHRIFTSTELLERIN

Ich glaube nicht, dass mein Vater
ein ebenso guter *Dichter* war,
wie ich eine gute Mathematikerin sein werde!

Augusta Ada Lovelace (1815–1852)
BRITISCHE MATHEMATIKERIN

Das Unsympathische an Computern ist, dass sie nur ja oder nein sagen können, aber nicht *vielleicht*.

Brigitte Bardot (GEB. 1934)
FRANZÖSISCHE SCHAUSPIELERIN

Brigitte Bardot, Porträt

Das wahrhaftig großartige Genie
lässt sich wohl überall nicht erziehen.
Die Natur bringt es hervor.

Amalie Holst (1758–1829)
PREUSSISCHE PÄDAGOGIN

Der Eifer der Menschen,
die Natur einzuengen, aus Furcht,
dieselbe könnte, sich selbst überlassen,
ihre Zwecke nicht erfüllen,
ist ein sehr überflüssiger.

Harriet Taylor Mill (1807–1858)
Britische Schriftstellerin

Die sozialistische Intellektuelle
Rosa Luxemburg hält eine Rede

Der Naturtrieb

ist stärker als alle angelernte Weisheit.

Rosa Luxemburg (1871–1919)

Deutsche Vertreterin der Arbeiterbewegung

Und *die Liebe* ist wie die Luft,
die wir trinken.

Bettina von Arnim (1785–1859)
Deutsche Schriftstellerin

Die Zeit ist mein größter Feind.

Evita Perón (1919–1952)

ARGENTINISCHE POLITIKERIN

Eva Duarte Perón während eines Besuches in der Schweiz im August 1947

Lieber zehn Schuldigen *vergeben,* als einen Unschuldigen hinrichten.

Katharina die Große (1729–1796)
Russische Zarin

Ja, meine Stimmen kamen *von Gott;*
meine Stimmen haben mich nicht getäuscht.

Jeanne d'Arc (UM 1412–1431)
FRANZÖSISCHE NATIONALHELDIN

Dante Gabriel Rossetti: Jeanne d'Arc küsst das Schwert der Befreiung, 1863;
Christie's Images Ltd.

Das Leben besteht
aus kleinen Handlungen,
die Tugend
aus kleinen Siegen.

Katharina von Siena (1347–1380)
ITALIENISCHE MYSTIKERIN

Sei *bescheiden,*
wenn zu Weisheit du gelangen willst.

Helena Petrovna Blavatsky (1831–1891)
RUSSISCHE SCHRIFTSTELLERIN

Ich blicke in den Himmel
und stehe mit beiden Beinen
auf der Erde.

Rigoberta Menchú (GEB. 1959)
GUATEMALTEKISCHE MENSCHENRECHTSAKTIVISTIN

Das Gute,
dass du heute tust,
werden die Menschen
morgen oft schon
wieder vergessen haben.
Tu weiterhin Gutes.

Mutter Teresa (1910–1997)
ORDENSSCHWESTER

Mutter Teresa, Briefmarke.

Der Herr nimmt viel lieber
den *guten Willen* eines
aufrichtigen Herzens
als große Werke ohne lautere Absicht.

Gertrud von Helfta (1256–UM 1301)
DEUTSCHE MYSTIKERIN

Man merkt nie, was schon getan wurde, man sieht immer nur, was noch zu tun *bleibt*.

Marie Curie (1867–1934)

POLNISCH-FRANZÖSISCHE PHYSIKERIN

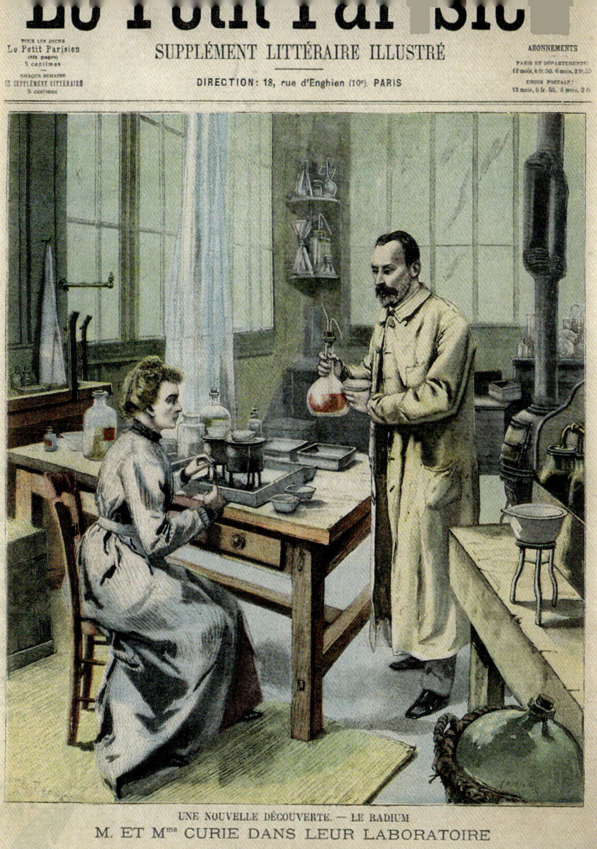

Die französischen Wissenschaftler Marie und Pierre Curie in ihrem Labor.

Wer liebt, lernt wissen,
das *Wissen* lehrt, lieben.

Marie von Ebner-Eschenbach (1830–1916)
ÖSTERREICHISCHE SCHRIFTSTELLERIN

Ein Lächeln
ist ein Licht,
das *Leben*
und Hoffnung
sichtbar macht.

Therese von Lisieux (1873–1897)
Französische Kirchenlehrerin

Die Liebe kommt im Gefolge des Verstehens.

Katharina von Siena (1347–1380)
Italienische Mystikerin

Jeder liebt irgendetwas,
und ich kenne keine anderen Liebesobjekte,
von denen man so wesentliche
und unfehlbare Geschenke zurückbekommt,
wie von Büchern und einem Garten.

Mary Annette Beauchamp (1866–1941)
Britische Schriftstellerin

O mein Kind, es war gut, dass alle meine Empfindungen durch widrige Begebenheiten aufgeweckt und geprüft wurden; ich bin um so viel fähiger geworden, jeden Tropfen meines Maßes von *Glückseligkeit* zu schmecken.

Sophie von La Roche (1730–1807)
DEUTSCHE SCHRIFTSTELLERIN

Elisabeth v. Rumänien alias Carmen Sylva, kolorierte Fotografie um 1895

Freude
ist das Leben
durch einen
Sonnenstrahl
gesehen.

Carmen Sylva (1843–1916)
DEUTSCHE SCHRIFTSTELLERIN

Paula Modersohn-Becker: Mädchenbildnis im Profil vor Landschaft, 1901; Städel Museum, Frankfurt am Main.

Traurigsein ist wohl etwas Natürliches.
Es ist wohl ein Atemholen zur Freude,
ein Vorbereiten *der Seele* dazu.

Paula Modersohn-Becker (1876–1907)
Deutsche Malerin

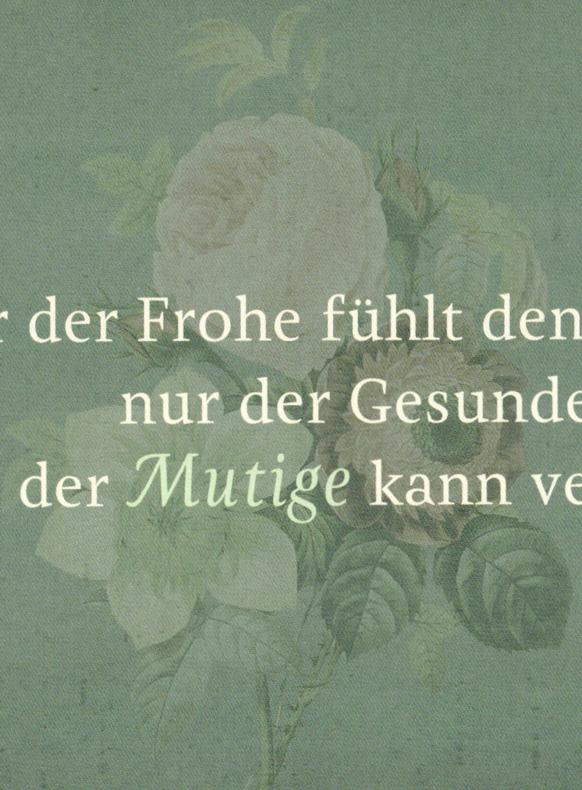

Nur der Frohe fühlt den Schmerz,
nur der Gesunde die Krankheit,
nur der *Mutige* kann verzagen.

Sophie Mereau (1770–1806)
DEUTSCHE SCHRIFTSTELLERIN

Nicht das Beginnen wird belohnt,
sondern einzig und allein das *Durchhalten.*

Katharina von Siena (1347–1380)
Italienische Mystikerin

Wenn du dich in der Zwickmühle befindest, darfst du auf keinen Fall aufgeben, denn jetzt ist der Augenblick gekommen, da sich alles *zum Guten* wendet.

Harriet Beecher Stowe (1811–1896)
US-amerikanische Schriftstellerin

J. J. Weber: Cover-Illustration zu Beecher Stowes »Onkel Toms Hütte«, 1853; Slg. Archiv für Kunst & Geschichte, Berlin.

Traurigkeit ist
nicht ungesund –
sie hindert uns
abzustumpfen.

George Sand (1804–1876)
FRANZÖSISCHE SCHRIFTSTELLERIN

George Sand, zeitgenössisches Porträt; Herzog Anton Ulrich-Museum, Braunschweig.

Morgen ist noch nicht gekommen
und gestern ist vorbei.
Wir leben heute.

Mutter Teresa (1910–1997)
ORDENSSCHWESTER

Ja, wenn meine Tage dem Ziel entgegeneilen,
gibt es nur eines, was ich erflehe:
im Leben, wie im Tod, die Seele frei von Ketten
und Mut, es durchzustehen.
Emily Brontë (1818–1848)
Britische Schriftstellerin

Schloss Hülshoff bei Münster/Westfalen (Geburtshaus der Dichterin), undatierte Fotografie

DDR-Kunst auf dem U-Bahnhof Rosa-Luxemburg-Platz, Berlin, 1995.

Die Freiheit ist immer nur Freiheit des Andersdenkenden.

Rosa Luxemburg (1871–1919)
Deutsche Vertreterin der Arbeiterbewegung

Die Stunde ist kostbar.
Warte nicht auf eine spätere,
gelegenere Zeit.

Katharina von Siena (1347–1380)
ITALIENISCHE MYSTIKERIN

Die Liebe, um uns glücklich zu machen,
muss nicht als ernsthafte Affäre,
sondern als eine leichte und heitere Sache
aufgefasst werden.

Anne de Lenclos (1620–1705)
Französische Salonière

Wir wissen nicht,
wie groß wir sind,
bis sie uns zum
Aufstehen zwingen.
Und wenn wir es
dann wirklich tun,
wird unser Kopf durch
die *Wolken* dringen.

Emily Dickinson (1830–1886)
US-AMERIKANISCHE DICHTERIN

Emily Dickinson, Porträt.

Im Grunde ist *jedes* Unglück
nur so schwer,
als man es nimmt.

Marie von Ebner-Eschenbach (1830–1916)
Österreichische Schriftstellerin

Wozu brauche ich Füße, wenn ich *Flügel* zum Fliegen habe?

Frida Kahlo (1907–1954)
MEXIKANISCHE MALERIN

Frida Kahlo: Selbstbildnis mit offenen Haaren; Christie's Images Ltd

Ich freue mich
des Lebens,
suche keine Dornen,
hasche die
kleinen *Freuden.*

Katharina Elisabeth Goethe (1731–1808)
DEUTSCHE SCHRIFTSTELLERIN

Johann Conrad Seekatz: Die Familie Goethe in Schäfertracht, 1772
Goethe-Museum, Frankfurt am Main

Nur wer sich in sich selbst erwärmen kann, an dem vermag auch *ein anderer* warm zu werden.

Agnes Pockels (1862–1935)
DEUTSCHE CHEMIKERIN

Ich bin stolz auf die Falten.
Sie sind *das Leben*
in meinem Gesicht.

Brigitte Bardot (GEB. 1934)
FRANZÖSISCHE SCHAUSPIELERIN

Wieso gönnen wir uns den Genuss nicht sofort? Wie oft wird *die Freude* durch Vorbereitungen verdorben, durch törichte Vorbereitungen.

Jane Austen (1775–1817)
BRITISCHE SCHRIFTSTELLERIN

Jane Austen, Porträt

Wenn *Musik* mein Herz erfüllt,
scheint sich das Leben mühelos und
ohne Probleme zu gestalten.

George Eliot (1819–1880)
BRITISCHE SCHRIFTSTELLERIN

Die Gelassenheit
ist eine anmutige Form
des Selbstbewusstseins.

Marie von Ebner-Eschenbach (1830–1916)
Österreichische Schriftstellerin

Die Literatur ist eine Leidenschaft,
die bis zum Wahn führt.
Diese Leidenschaft hat mich während
zehn Jahren meines Lebens ununterbrochen
beschäftigt. Sie hat ihre Unruhen, ihre
Aufregungen, ihre Qualen wie die der Liebe.

Olympe de Gouges (1748–1793)
Französische Schriftstellerin

Marilyn Monroe in »There's no Business like Show Business«, USA 1954

Wahre *Schönheit* und Weiblichkeit sind alterslos und nicht künstlich herstellbar.

Marilyn Monroe (1926–1962)

US-AMERIKANISCHE SCHAUSPIELERIN

Schauspielerei ist ein netter,
kindischer Beruf – man gibt vor,
jemand anderer zu sein, und
gleichzeitig verkauft man sich.

Katharine Hepburn (1907–2003)
US-amerikanische Schauspielerin

Alter schützt vor Liebe nicht, aber Liebe schützt bis zu einem gewissen Grade vor *Alter.*

Jeanne Moreau (GEB. 1928)
FRANZÖSISCHE SCHAUSPIELERIN

Filmplakat zu »Jules et Jim« von François Truffaut mit Jeanne Moreau, 1962

Madame-Sein
ist ein elendes
Handwerk.

Liselotte von der Pfalz (1652–1722)
Herzogin von Orléans

Johann Baptist de Ruel: Liselotte von der Pfalz, um 1667/68
Museum Schloss Fasanerie, Eichenzell

Seien Sie immer heiter,
wenn Sie immer *schön* bleiben wollen.

Madame de Pompadour (1721–1764)
FRANZÖSISCHE MÄTRESSE

Man kann anderen Leuten erklären,
warum man seinen Mann
geheiratet hat, aber sich selbst
kann man das oft nicht erklären.

George Sand (1804–1876)
Französische Schriftstellerin

Ida Gräfin Hahn-Hahn, um 1875.

Einzelne Fehler beeinträchtigen nicht, einzelne *Vorzüge* ersetzen nichts.

Ida Hahn-Hahn (1805–1880)

DEUTSCHE SCHRIFTSTELLERIN

Auch Gott lernt dazu.
Man merkt das an den Verbesserungen
bei der *Erschaffung* der Frau
gegenüber der des Mannes.

Coco Chanel (1883–1971)
FRANZÖSISCHE MODESCHÖPFERIN

Die meisten Frauen setzen alles daran,
einen Mann zu ändern,
und wenn sie ihn dann *geändert* haben,
mögen sie ihn nicht mehr.

Marlene Dietrich (1901–1992)
DEUTSCH-US-AMERIKANISCHE SCHAUSPIELERIN

Marlene Dietrich im Film »Der blaue Engel«, 1930.

Die *Fantasie*
des Mannes
ist die beste Waffe
der Frau.

Sophia Loren (GEB. 1934)
ITALIENISCHE SCHAUSPIELERIN

Sophia Loren auf den Internationalen Filmfestspielen in Cannes, 1966

Es stört mich nicht,
was meine Minister sagen,
solange sie *tun*, was ich ihnen sage.

Margaret Thatcher (GEB. 1925)
BRITISCHE POLITIKERIN

Alles und jedes steht ganz natürlich
miteinander in *Beziehung*
und ist miteinander verquickt.
Augusta Ada Lovelace (1815–1852)
BRITISCHE MATHEMATIKERIN

Die ganze *Ausrichtung* der Natur verweist auf eine Vorwärtsbewegung, auf ein höheres Leben.

Helena Petrovna Blavatsky (1831–1891)
Russische Schriftstellerin

Das Ganze irgendeiner *Erscheinung* ist gewissermaßen immer etwas Vollendetes, Abgerundetes, für sich Bestehendes, und das hat in meinen Augen mehr Wert als die Details.

Ida Hahn-Hahn (1805–1880)
Deutsche Schriftstellerin

Was das Geheimnis des Daseins so innig berührt, kann nicht in den üblichen sprachlichen Formen ausgedrückt werden.

Germaine de Staël (1766–1817)
FRANZÖSISCHE SCHRIFTSTELLERIN

Anne-Louise Baronesse de Staël, Porträt

Die Kräfte der menschlichen Seele
sind ein Teil des Bildes Gottes,
nach welchem der Mensch gemacht ist.
Dorothea Christiane Erxleben (1715–1762)
DEUTSCHE ÄRZTIN
Dorothea Erxleben
Porträtbüste 1994, Halle an der Saale

Auf die Natur können
Sie vollständig vertrauen!

Annie Besant (1847–1933)
BRITISCHE THEOSOPHIN

Wer selber keinen *Frieden* hat,
kann mir auch keinen Frieden geben.

Mechthild von Magdeburg (um 1207–um 1282)
Deutsche Mystikerin

Wolken!
Welch unerschöpflicher Grund des Entzückens
für ein Paar Menschenaugen.
Rosa Luxemburg (1871–1919)
Deutsche Vertreterin der Arbeiterbewegung

Ruhe, verbunden
mit der Lust,
das heißt dem Genuss,
das ist Glück.

George Sand (1804–1876)
Französische Schriftstellerin

George Sand, Porträt-Fotografie von 1872

Wandern ist die vollkommenste Art
der Fortbewegung, wenn man
das wahre Leben entdecken will.
Es ist der Weg in *die Freiheit.*

Mary Annette Beauchamp (1866–1941)
BRITISCHE SCHRIFTSTELLERIN

Es knistert in den Büschen,
es zieht durch die helle Luft
das Klingen fallender Tropfen,
der *Sommerregenduft.*

Ada Christen (1839–1901)
ÖSTERREICHISCHE SCHRIFTSTELLERIN

Ada Christen, zeitgenössisches Porträt.

Da droben auf einsamer Höhe
die *wilde Rose* blüht.
Und wer sie von ferne gesehen,
in heißer Sehnsucht erglüht.

Louise Aston (1814–1871)
DEUTSCHE SCHRIFTSTELLERIN

Es ist ungeheuer wertvoll
und wunderbar, wenn ich allein bin –
die *kleinen Dinge* des Lebens,
das Leben des Lebens.

Katherine Mansfield (1888–1923)
NEUSEELÄNDISCH-BRITISCHE SCHRIFTSTELLERIN

Frei sein heißt wählen können,
wessen Sklave man sein will.

Jeanne Moreau (GEB. 1928)
FRANZÖSISCHE SCHAUSPIELERIN

Marcello Mastroianni und Jeanne Moreau in »La Notte« (Silver Films), 1960.

Zu den glücklichsten Augenblicken,
die ein Menschenherz erleben kann,
gehört *der Moment,*
in dem man in sein Land zurückkehrt.

Rigoberta Menchú (GEB. 1959)
GUATEMALTEKISCHE MENSCHENRECHTSAKTIVISTIN

Die *Geschichte* ist der beste Lehrer mit den unaufmerksamsten Schülern.

Indira Gandhi (1917–1984)

INDISCHE POLITIKERIN

Indira Gandhi, 1971.

Die Freude steckt nicht in den Dingen,
sondern im Innersten unserer *Seele.*
Therese von Lisieux (1873–1897)
FRANZÖSISCHE KIRCHENLEHRERIN

Überlasst euch nie
der Niedergeschlagenheit,
sondern seid *froh* und nicht traurig.

Maria Ward (1585–1645)
BRITISCHE ORDENSSCHWESTER

An einem schönen Tag im Schatten zu sitzen
und ins Grüne zu blicken,
ist die beste aller *Erquickungen.*

Jane Austen (1775–1817)
BRITISCHE SCHRIFTSTELLERIN

John Skinner: Sidmouth Bathing Place, Devon (Urlaubsziel von Jane Austens Familie (1801)), 1797.

Solange du nicht *geliebt* hast,
kannst du nicht du selbst sein.

Emily Dickinson (1830–1886)
US-amerikanische Dichterin

Nichts ist kläglicher als *Humor* in zu engen Schuhen.

Annette von Droste-Hülshoff
(1797–1848)
Deutsche Dichterin

Ernst Hader: Annette von Droste-Hülshoff, Porträt um 1870.

So ist eben das Leben seit jeher,
alles gehört dazu:
Leid und Trennung und *Sehnsucht*.

Rosa Luxemburg (1871–1919)
DEUTSCHE VERTRETERIN DER ARBEITERBEWEGUNG

Kinder sind dazu da,
um Lärm zu machen.

Helene Lange (1848–1930)
Deutsche Pädagogin

Betty Paoli, Marie von Ebner-Eschenbach und Frau von Fleischl, um 1890.

Jedes Kind ist *kostbar*.
Jedes ist ein Geschöpf Gottes.

Mutter Teresa (1910–1997)
Ordensschwester

Mutter Teresa-Waisenhaus in Kalkutta, 2003.

Der Mensch sollte alle seine *Werke* zunächst einmal in seinem Herzen erwägen, bevor er sie ausführt.

Hildegard von Bingen (um 1098–1179)
Deutsche Mystikerin

Eine reine Atelierkunst ist unfruchtbar und hinfällig, denn was nicht *lebendige* Wurzeln fasst, warum soll das sein?

Käthe Kollwitz (1867–1945)
DEUTSCHE KÜNSTLERIN

Kinder und Senioren auf dem Kollwitzplatz, DDR 1965.

Bewahre mich vor der Einbildung, bei *jeder* Gelegenheit und zu jedem Thema etwas sagen zu müssen.

Teresa von Avila (1515–1582)
Spanische Mystikerin

Leben und Sein ist weiter als Denken.

Gertrud Simmel (1864–1938)
DEUTSCHE SCHRIFTSTELLERIN

Die *Wahrheit*
ist oft zu einfach,
um Glauben zu finden.

Fanny Lewald (1811–1889)
DEUTSCHE SCHRIFTSTELLERIN

Fanny Lewald, Porträt.

Ein wenig Übermut *im Frühling*
ist selbst dem König bekömmlich.
Emily Dickinson (1830–1886)
US-amerikanische Dichterin

Durch die Gasse der Vorurteile
muss die *Wahrheit*
ständig Spießruten laufen.

Indira Gandhi (1917–1984)
Indische Politikerin

Wer *helfen* will, darf kein sentimentaler Schwärmer sein.

Florence Nightingale (1820–1910)
Britische Krankenschwester

Was man
zu *verstehen*
gelernt hat,
das fürchtet
man nicht mehr.

Marie Curie (1867–1934)
Polnisch-französische
Physikerin

Trois mois | Six mois | Un an
FRANCE & COLONIES
4 fr. | 7 fr. 50 | 14 fr
UNION POSTALE
5 fr. | 10 fr. | 20 fr.

Le Petit Journal
illustré

32e Année - N° 1595
On s'abonne dans tous les bureaux de poste
Les Manuscrits ne sont pas rendus

Mme CURIE dans son Laboratoire

Après les jours glorieux qu'elle vient de vivre en Amérique, où elle a reçu, avec mille témoignages d'admiration, le gramme de radium offert par les Femmes américaines, l'illustre chimiste a repris son existence laborieuse dans la paix de son Laboratoire.

Marie Curie im Jahr 1921.

Lasse nie zu,
dass du jemandem begegnest,
der nicht nach der Begegnung
mit dir *glücklicher* ist.

Mutter Teresa (1910–1997)
ORDENSSCHWESTER

Berthe Morisot: Junges Mädchen unter Orangenbäumen, 1889; Privatbesitz.

Leben – Meer, das endlos rauschend
mich auf weiten Fluten trägt:
Deinen Tiefen freudig lauschend,
steh ich sinnend, stummbewegt.

Louise Aston (1814–1871)
DEUTSCHE SCHRIFTSTELLERIN

Die Kunst ist
eine intellektuelle
Funktion, gesund,
stark und wahr und
nur eine andere Form
der Denkfähigkeit.
Sie ist kein Delirium,
sondern eine
Philosophie.

Marianne von Werefkin
(1860–1938)
RUSSISCHE MALERIN

Marianne von Werefkin: Le forfait (Der Frevel), um 1930; Fond Marianne Werefkin, Ascona

Wer nicht in der Welt
wie in einem Tempel
umhergeht,
der wird keinen
in ihr *finden*.

Rahel Varnhagen von Ense (1771–1833)
DEUTSCHE SCHRIFTSTELLERIN

Carl Eduard Weber nach Michael Moritz Daffinger: Rahel Varnhagen, Punktierstich

Wer ganz genießt,
der lebt wirklich.

Karoline von Günderrode (1780–1806)
DEUTSCHE DICHTERIN

Sich glücklich
fühlen können
auch ohne Glück.
Das ist Glück.

Marie von Ebner-Eschenbach (1830–1916)
Österreichische Schriftstellerin

Es ist nie *zu spät*, so zu sein,
wie man gerne gewesen wäre.

George Eliot (1819–1880)
Britische Schriftstellerin

Chilvers Coton Church (Taufort von George Eliot).

Man muss
wählen zwischen
Herz und Vernunft.
Ich gehorche
dem Herzen.

Eleonora Duse (1858–1924)
Italienische Schauspielerin

Eleonora Duse mit Kind. Reproduktion eines Gemäldes von Franz von Lenbach.

Was machen Sie?

Nichts. Ich lasse das Leben auf mich regnen.

Rahel Varnhagen von Ense (1771–1833)

Deutsche Schriftstellerin

Wenn man immer nur tut,
was sich gehört,
verpasst man den ganzen *Spaß*.

Katharine Hepburn (1907–2003)
US-AMERIKANISCHE SCHAUSPIELERIN

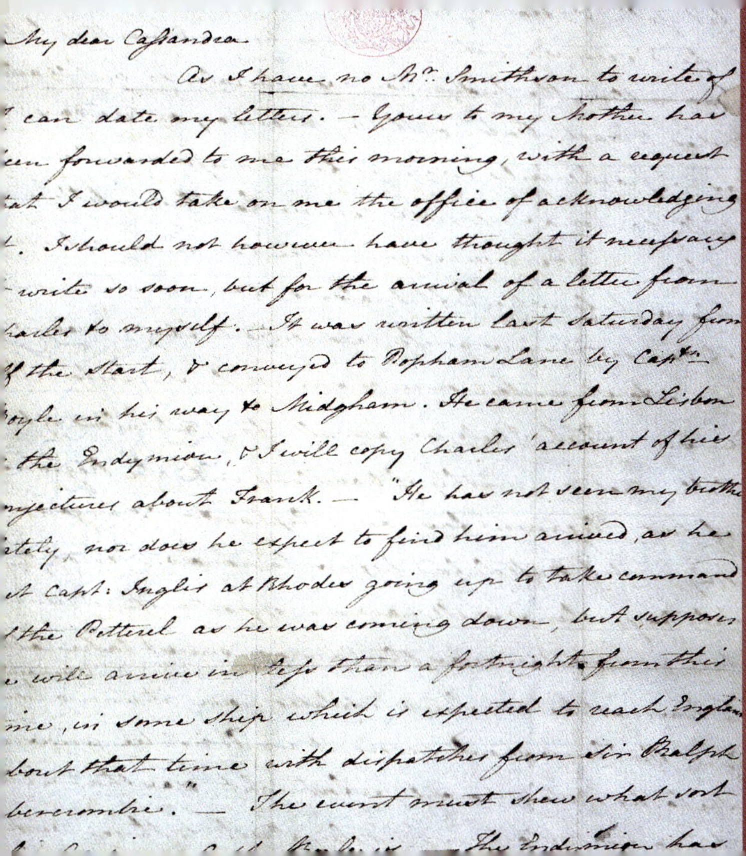

My dear Cassandra
As I have no Mr. Smithson to write of
can date my letters. — Yours to my Mother has
een forwarded to me this morning, with a request
at I would take on me the office of acknowledging
t. I should not however have thought it necessary
write so soon, but for the arrival of a letter from
harles to myself. — It was written last Saturday from
f the Start, & conveyed to Popham Lane by Captn.
oyle in his way to Midgham. He came from Lisbon
the Endymion, & I will copy Charles' account of his
njectures about Frank. — "He has not seen my brothe
tely, nor does he expect to find him arrived, as he
t Capt: Inglis at Rhodes going up to take command
the Petterel as he was coming down, but supposes
will arrive in less than a fortnight from this
me, in some ship which is expected to reach Englan
bout that time with dispatches from Sir Ralph
bercrombie." — The event must shew what sort
The Endymion has

Brief von Jane Austen an ihre Schwester Cassandra, 1801

Dass uns eine Sache fehlt, sollte uns nicht davon abhalten, alles andere zu *genießen*.

Jane Austen (1775–1817)
BRITISCHE SCHRIFTSTELLERIN

Wie ich sehe, muss man den Regen in Kauf nehmen, wenn man einen *Regenbogen* haben will.

Dolly Parton (GEB. 1946)
US-AMERIKANISCHE SÄNGERIN

Durch das Zuviel-Arbeiten sündigt man *am Leben* und an der Arbeit selber.

Paula Modersohn-Becker (1876–1907)
DEUTSCHE MALERIN

Paula Modersohn-Becker: Liegender Mann unte
blühendem Baum, 1903; Städel Museum, Frankfurt a. M

Nichts bringt uns
auf unserem Weg
besser voran
als *eine Pause.*

Elizabeth Barrett Browning (1806–1861)
BRITISCHE DICHTERIN

Elizabeth Barrett Browning; Porträt; National Portrait Gallery, London

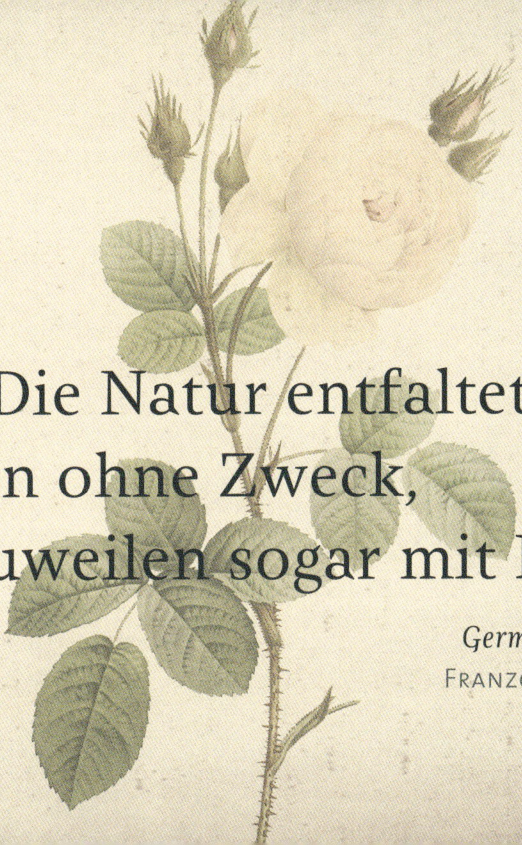

Die Natur entfaltet ihre *Pracht*
bisweilen ohne Zweck,
zuweilen sogar mit Luxus.

Germaine de Staël (1766–1817)
FRANZÖSISCHE SCHRIFTSTELLERIN

Fenchel-Illustration zum Werk »A Curious Herbal« (1737–1739) der Namensvetterin und britischen Illustratorin Elizabeth Blackwell

Vorbeugen ist besser als Heilen.

Elizabeth Blackwell (1821–1910)
Britische Ärztin

Die Gefühle lassen die Vernunft
nach ihrer Pfeife tanzen.

Hedwig Dohm (1831–1919)
Deutsche Schriftstellerin

Freundschaft ist sicherlich der beste Balsam
für die Wunden einer enttäuschten Liebe.
Jane Austen (1775–1817)
BRITISCHE SCHRIFTSTELLERIN

Ich war schon immer der Ansicht,
dass das größte Privileg, die größte Hilfe
und der größte Trost in einer *Freundschaft*
darin besteht, dass man nichts erklären muss.

Katherine Mansfield (1888–1923)
NEUSEELÄNDISCH-BRITISCHE SCHRIFTSTELLERIN

Meine Freunde sind mein Vermögen.

Emily Dickinson (1830–1886)

US-AMERIKANISCHE DICHTERIN

Ich will geliebt sein oder ich will begriffen sein.
Das ist eins.

Bettina von Arnim (1785–1859)
Deutsche Schriftstellerin

Carl Johann Arnold: Quartettabend bei Bettina von Arnim, 1854/56; Goethe-Museum, Frankfurt a. M.

Wollen wir für eine *Freundschaft*
ein festes Fundament errichten,
dann müssen wir unsere Freunde eher
um ihretwegen lieben als um unseretwillen.

Charlotte Brontë (1816–1855)
BRITISCHE SCHRIFTSTELLERIN

Was soll
mir *das Lob*
von Menschen,
welche nicht
tadeln können?

Annette von Droste-Hülshoff
(1797–1848)
DEUTSCHE DICHTERIN

Burg Hülshoff in Nordrhein-Westfalen (Geburtsort von Annette Freiin Droste zu Hülshoff). Büste im Park.

Menschen,
an denen nichts auszusetzen ist, haben nur einen Fehler: Sie sind uninteressant.

Zsa Zsa Gabor (GEB. UM 1917)
US-AMERIKANISCH-UNGARISCHE SCHAUSPIELERIN

Zsa Zsa Gabor als Jane Avril in »Moulin Rouge«, GB 1952, Rollenbild, Titelseite des Programmheftes: Illustrierte Film-Bühne, München, Nr. 1951.

Nur *der Denkende* erlebt sein Leben,
an Gedankenlosen zieht es vorbei.

Marie von Ebner-Eschenbach (1830–1916)
Österreichische Schriftstellerin

Um etwas desto gewisser
zu *gewinnen,* muss man stets
ein anderes aufgeben.

Karoline von Günderrode (1780–1806)
DEUTSCHE DICHTERIN

Europäischer Wirtschaftsgipfel in Fontainebleau am 25.06.1984.

Geduld ist eine gute Eigenschaft. Aber nicht, wenn es um die Beseitigung von Missständen geht.

Margaret Thatcher (GEB. 1925)
BRITISCHE POLITIKERIN

Ein Gelehrter in seinem Laboratorium
ist nicht nur ein Techniker;
er steht auch vor den Naturgesetzen
wie ein Kind vor der *Märchenwelt.*

Marie Curie (1867–1934)
Polnisch-französische Physikerin

Im Menschen ist etwas, das stärker ist als er,
das ihn Wege gehen lässt,
die *ohne Ziel* scheinen.
Dennoch ist glücklich, wer auf ihnen geht.

Alexandra David-Néel (1868–1969)
Französische Reiseschriftstellerin

Das Ehepaar Robert und Clara Schumann musiziert.

Die *Ausübung der Kunst* ist ein großer Teil meines Ichs, es ist mir die Luft, in der ich atme.

Clara Schumann (1819–1896)
DEUTSCHE KOMPONISTIN

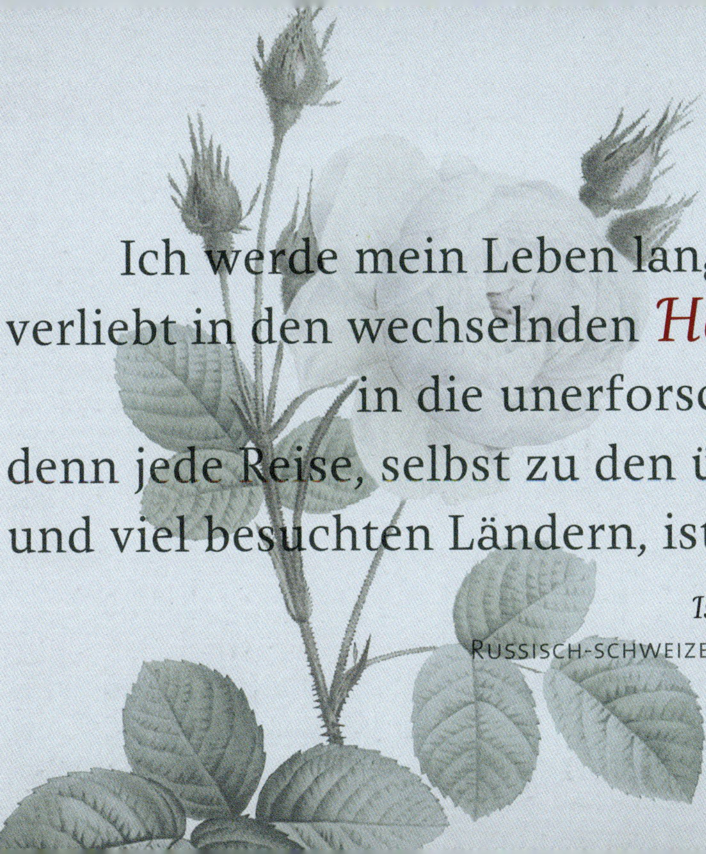

Ich werde mein Leben lang Nomade bleiben,
verliebt in den wechselnden *Horizont,*
in die unerforschten, fernen Orte,
denn jede Reise, selbst zu den überfülltesten
und viel besuchten Ländern, ist eine Entdeckung.

Isabelle Eberhardt (1877–1904)
Russisch-schweizerische Reiseschriftstellerin

Die Herrschaft über den *Augenblick* ist die Herrschaft über das Leben.

Marie von Ebner-Eschenbach (1830–1916)

ÖSTERREICHISCHE SCHRIFTSTELLERIN

Auguste Schmidt und Louise Otto-Peters, Vorsteherinnen d. dt. Frauenvereins, 1871, Slg. Archiv für Kunst & Geschichte, Berlin.

Nichts ruft die Erinnerungen
an die Vergangenheit so lebhaft wach
wie *die Musik*.

Madame de Staël (1766–1817)
Französische Schriftstellerin

Man muss sich
bewegen,
wir müssen gehen,
handeln, *handeln!*

Eleonora Duse (1858–1924)
ITALIENISCHE SCHAUSPIELERIN

Eleonora Duse als Silvia in d'Annunzios Dram
»La Gioconda« bei einem Gastspiel 1910 in Berlin

Ist erst die Liebe *groß* geworden, so kann sie nimmer müßig sein.

Teresa von Avila (1515–1582)

Spanische Mystikerin

François Gerard: St. Teresa von Avila, 1827; Maison Saint-Therese, Paris.

O, der Mensch ist ein Kind *der Zukunft!*
Die Gegenwart in Leid und Freude erfüllt ihn nie ganz und gar: Und darum ist er auch ein Kind der Unsterblichkeit.

Ida Hahn-Hahn (1805–1880)
DEUTSCHE SCHRIFTSTELLERIN

Die Tänzerin Josephine Baker im Kostüm, 1930

Unsere Träume
können wir erst dann
verwirklichen, wenn
wir uns entschließen,
einmal daraus
zu erwachen.

Josephine Baker (1906–1975)
US-Amerikanisch-Französische Tänzerin

Die Gefühle, das Gedankenspiel
einer Frau bergen so große Kräfte
in sich, eine Frau verfügt über
solch immensen geistigen *Reichtum!*

Flora Tristan (1803–1844)
Französische Schriftstellerin

Abwechslung ist eine gute Medizin für die meisten Leiden.

Christine von Schweden (1626–1689)
SCHWEDISCHE KÖNIGIN

Joachim von Sandrart nach Sebastian Bourdon: Königin Christine von Schweden

Du musst *genau das* machen,
wovon du glaubst,
das kann man nicht machen.

Eleanor Roosevelt (1884–1962)
US-amerikanische Politikerin

Dass es nie wiederkehrt,
macht das Leben *so süß.*

Emily Dickinson (1830–1886)
US-AMERIKANISCHE DICHTERIN

Es gehört
viel Kraft dazu,
Gefühle zu zeigen,
die ins Lächerliche
gezogen werden
können.

Madame de Staël (1766–1817)
FRANZÖSISCHE SCHRIFTSTELLERIN

Madame de Staël, auch bekannt als Anne-Louise-Germaine Necker, mit Gästen in ihrem Salon

Drei Pfade hat
der Mensch in sich,
in denen sich
sein Leben tätigt:
die Seele, den Leib
und *die Sinne.*

Hildegard von Bingen
(UM 1098–1179)
DEUTSCHE MYSTIKERIN

epi ornari & stabiliri debet.
II. Quod immissa & indeficiens dulcedo
spc sci datur in confirmatione.
III. Quod ineffabilis trinitas i confirma
tione manifestatur & uiridissimis
uirtutib' declaratur. potest.
IIII. Q'd eccl̄ia unctione spc sci munita.
nunquam i errore puersitati' decid
V. Verba moysi de eadem re.
VI. Quod baptizati i unctione crisma
tis a pontifice decorantur.
VII. Verba libri regum ad eandem re.
VIII. Q'd baptizat' & n̄ confirmat' claritate
te baptismatis habet. s; ornatu
& fulgore unctionis superioris doc
torum suu n̄ habet.
VIIII. Q'd i honore spc sci p solos epos con
firmatio exercenda ē.
X. Qui confirmandu manib' tenet. in
carnali pcreatione ei n̄ coniungat.
XI. Qui post baptismu ad diabolum re
uertit. n̄ penitear condempnabit.
qui aut baptismu fideli sequit. ado
suscipit. eccl̄ia p filiis suis dn̄m exorant.
Tres modi quib' eccl̄ia resonat ut
tuba. tamoda.
XII. De diuersitate baptizatoru mul
XIII. Verba ezechielis de eodem.
Quarta Visio Sede
partis.

Buchmalerei aus Hildegard v. Bingens »Scivias« (Wisse die Wege), 12. Jahrhundert (Faksimile), Rupertsberger Codex.

Tue **Gutes** und tue es gut.

Maria Ward (1585–1645)

Britische Ordensschwester

Alt werden ist traurig,
reifer werden aber *recht schön.*

Brigitte Bardot (GEB. 1934)
FRANZÖSISCHE SCHAUSPIELERIN

Man muss
alle Menschen
ein ganz klein wenig
besser behandeln,
als sie es verdienen.
So entwaffnet man
sie am leichtesten.

Dorothea Schlegel (1764–1839)
Deutsche Schriftstellerin

Dorothea Schlegel, Pastell 1798

Ein Haus ist *eine Arche*,
um der Flut zu entrinnen.

Katherine Mansfield (1888–1923)
NEUSEELÄNDISCH-BRITISCHE SCHRIFTSTELLERIN

Ein *Geheimnis*
ist wie ein Loch
im Gewande:
Je mehr man es
zu verbergen sucht,
desto mehr
zeigt man es.

Carmen Sylva (1843–1916)
DEUTSCHE SCHRIFTSTELLERIN

Carmen Sylva an der Schreibmaschine, um 1910

Mutter Teresa in Indien 197
(Friedensnobelpreis 1979)

Das Einzige, was die Armut beseitigen kann,
ist *miteinander* zu teilen.

Mutter Teresa (1910–1997)
ORDENSSCHWESTER

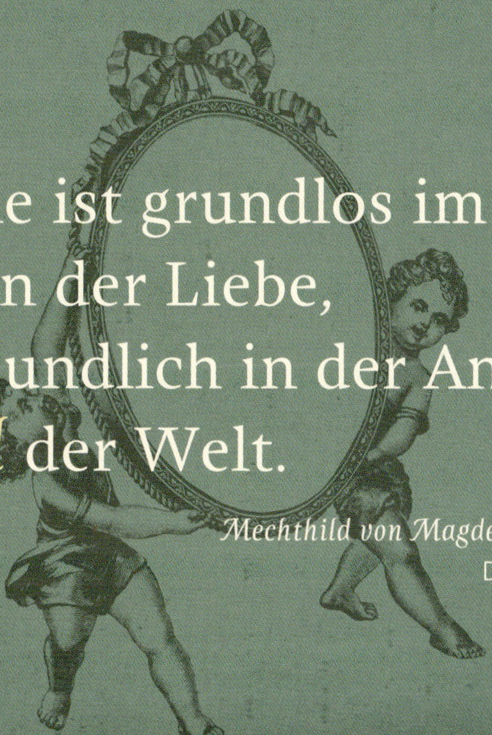

Die Seele ist grundlos im Verlangen,
brennend in der Liebe,
freundlich in der Anwesenheit,
ein *Spiegel* der Welt.

Mechthild von Magdeburg (1207–um 1282)
Deutsche Mystikerin

Ein *guter Rat* ist wie Schnee.
Je sanfter er fällt,
desto länger bleibt er liegen
und desto tiefer dringt er ein.

Simone Signoret (1921–1985)
Französische Schauspielerin

Eleonora Duse, Rollenbild-Fotografie um 1890

Es ist *gefährlich*,
anderen etwas
vorzumachen;
denn es endet damit,
dass man sich selbst
etwas vormacht.

Eleonora Duse (1858–1924)
Italienische Schauspielerin

Bewähre dich, sei stark, freundlich, klug,
und du hast *gewonnen.*

Katherine Mansfield (1888–1923)
NEUSEELÄNDISCH-BRITISCHE SCHRIFTSTELLERIN

Ein bescheidener Mensch ist *standhaft,*
ein demütiger furchtsam
und ein eitler anmaßend.

Mary Wollstonecraft (1759–1797)
Britische Schriftstellerin

Die Liebe ist wie das *Feuer:*
Sie leuchtet, wärmt, glüht,
zerstört und sie schafft.

Hedwig Dohm (1831–1919)
DEUTSCHE SCHRIFTSTELLERIN

Die Liebe
ist bald mit
diesem, bald mit
jenem Gewande
geschmückt.

Hildegard von Bingen
(um 1098–1179)
Deutsche Mystikerin

Illustration »Vision der hl. Hildegard«, um 1230. Biblioteca Governativa Statale, Lucca.

Marlene Dietrich in »Der große Bluff«, USA 1939.

Die Männer beteuern immer, sie lieben die *innere* Schönheit der Frau – komischerweise gucken sie aber ganz woanders hin.

Marlene Dietrich (1901–1992)
DEUTSCH-US-AMERIKANISCHE SCHAUSPIELERIN

Liebe, spricht die *Vernunft*,
das kann nach meiner Erkenntnisweise
niemand verstehen.

Margareta Porete (um 1250–1310)
Französische Schriftstellerin

Wenn man im *Mittelpunkt* einer Party
stehen will, darf man nicht hingehen.
Audrey Hepburn (1929–1993)
BRITISCH-NIEDERLÄNDISCHE SCHAUSPIELERIN

Wer stärker liebt,
ist immer der Schwächere.

Eleonora Duse (1858–1924)
Italienische Schauspielerin

Göttin der Liebe!

Empfange mein Blumengebinde.
Komm und erscheine uns.
Fülle die goldenen Schalen.
Mische mit Nektar den Wein
und schenke uns eine
himmlische Freude.

Sappho (ZWISCHEN 630 UND 612 V. CHR. –
UM 570 V. CHR.)
GRIECHISCHE DICHTERIN

Leopold Burthe: Sappho jouant de la lyre (Sappho mit Kithara), Gemälde 1848,
Musée des Beaux-Arts, Carcassonne.

Ein fröhliches *Herz* entsteht normalerweise nur aus einem Herzen, das vor Liebe brennt.

Mutter Teresa (1910–1997)
Ordensschwester

Man liebt einen *Menschen*
nicht wegen seiner Stärke,
sondern wegen seiner Schwächen.

Tilla Durieux (1880–1971)
ÖSTERREICHISCHE SCHAUSPIELERIN

Josephine Baker im Alexandra Palace in der Kabarett-Show »Cafe Continental« des BBC, 1948

Viele Frauen sind nur auf ihren guten Ruf bedacht; aber die anderen werden *glücklich*.

Josephine Baker (1906–1975)

US-AMERIKANISCH-FRANZÖSISCHE TÄNZERIN

Es ist von größter Wichtigkeit,
dass wir lernen,
über uns selbst *zu lachen.*

Katherine Mansfield (1888–1923)
NEUSEELÄNDISCH-BRITISCHE SCHRIFTSTELLERIN

Dorothea Caroline von Schelling, zeitgenössisches Porträt

Jeder angenehme
Augenblick
hat Wert für mich.
Glückseligkeit
besteht nur in
Augenblicken.
Ich wurde glücklich,
da ich das lernte.

Caroline von Schelling (1763–1809)
DEUTSCHE SCHRIFTSTELLERIN

Kein Mann hat *Fantasie* genug,
die weibliche Vernunft zu begreifen,
deshalb nennt man sie Unvernunft.

Eleonora Duse (1858–1924)
Italienische Schauspielerin

Eigentlich ist jeder Tag
wie eine große Schlacht
mit vielen Lichtblicken.
Franziska Gräfin zu Reventlow (1871–1918)
Deutsche Schriftstellerin

Das Schönste wäre ja, wenn ich jenes unbewusste Empfinden, was manchmal leicht und lieblich in mir summt, figürlich ausdrücken könnte.

Paula Modersohn-Becker (1876–1907)
DEUTSCHE MALERIN

Paula Modersohn-Becker: Bäuerin an einer Birke, 1900
LWL-Landesmuseum für Kunst und Kulturgeschichte

Kein *seligerer Traum*,
kein beglückenderes Ereignis als Ruhe,
stille Ruhe im Dasein.

Bettina von Arnim (1785–1859)
DEUTSCHE SCHRIFTSTELLERIN

Die bedeutendste Wissenschaft
auf der Welt, im Himmel
und auf der Erden – ist *die Liebe.*

Mutter Teresa (1910–1997)
Ordensschwester

Marilyn Monroe Mitte der 50er-Jahre auf einer Pressekonferenz.

Frauen von heute warten nicht
auf *das Wunderbare* –
sie inszenieren ihre Wunder selbst.

Katharine Hepburn (1907–2003)
US-amerikanische Schauspielerin

Sartre und Beauvoir bei ihrem Besuc
der Indianer von Carajás in Brasilien, 196

Das Glück besteht darin, zu leben wie alle Welt
und doch *zu sein* wie kein anderer.

Simone de Beauvoir (1908–1986)
FRANZÖSISCHE SCHRIFTSTELLERIN

Allem zugrunde liegt *ein* ewiges, 
unendliches, unerkennbares,
wirkliches Sein.

Annie Besant (1847–1933)
BRITISCHE THEOSOPHIN

Der Mensch macht *seine Welten*
und seine Welten machen ihn.
Gertrud Simmel (1864–1938)
DEUTSCHE SCHRIFTSTELLERIN

Bildnachweis

Cover: Straub: Clara Schumann, Lithographie, um 1840; picture-alliance / akg-images. S. 7: picture-alliance / akg-images / Tony Vaccaro. S. 9: picture alliance / Mary Evans Picture Library. S. 10: picture-alliance / imagestate / HIP / Ann Ronan Picture Library. S. 13: picture-alliance / Mary Evans Picture Library. S. 14: Arnold, Carl Johann: Bettina von Arnim, geborene Brentano, 1859; Frankfurter Goethe-Museum, Frankfurt; David Hall / ARTOTHEK. S. 17: picture alliance / united archives. S. 19: Modersohn-Becker, Paula: Blick vom Weyerberg; Sammlung B. Kaufmann, Stade; ARTOTHEK. S. 20: melki76 / istock.com. S. 23: picture-alliance / akg-images. S. 24: picture-alliance / akg-images / Cameraphoto. S. 26: picture-alliance / akg-images. S. 28: picture-alliance / akg-images. S. 31: picture-alliance / Mary Evans Picture Library. S. 32: picture alliance / united archives. S. 35: picture-alliance / imagestate / HIP. S. 36: iEverest / istock.com. S. 39: picture-alliance / akg-images. S. 41: picture alliance / united archives. S. 43: picture-alliance / Mary Evans Picture Library. S. 44: Christina Hanck / istock.com. S. 47: picture-alliance / Mary Evans Picture Library. S. 48: picture-alliance / Mary Evans Picture Library. S. 50: Morisot, Berthe: Großvater und Kind auf der Gartenbank, 1886; Christie's Images Ltd; Christie's Images Ltd / ARTOTHEK. S. 53: picture-alliance / akg-images / Joseph Martin. S. 54: picture-alliance / dpa. S. 56: DNY59 / istock.com. S. 59 picture-alliance / akg-images. S. 60: picture-alliance / dpa / Albert_Olive. S. 63: picture-alliance / IMAGNO / Wiener Stadt- und Landesbibliothek. S. 64: Elvira Schäfer / fotolia.de. S. 67: Modersohn-Becker, Paula: Selbstbildnis mit Kamelienzweig, 1907; Museum Folkwang, Essen; Westermann / ARTOTHEK. S. 68: picture alliance / landov / Kevin Manzur. S. 71: picture alliance / Mary Evans Picture Library. S. 73: Tan Kian Khoon / fotolia.de. S. 74: picture-alliance / Mary Evans Picture Library. S. 77: picture-alliance / Mary Evans Picture Library. S. 79: picture-alliance / KEYSTONE. S. 81: Rossetti, Dante Gabriel: Jeanne d'Arc küsst das Schwert der Befreiung, 1863; Christie's Images Ltd; Christie's Images Ltd /ARTOTHEK. S. 82: picture-alliance / akg-images. S. 85: Ken Brown / istock.com. S. 87: picture-alliance / Mary Evans Picture Library. S. 89: jurand / fotolia.de. S. 90: mema / fotolia.de. S. 93: picture-alliance / akg-images. S. 94: Modersohn-Becker, Paula: Mädchenbildnis im Profil vor Landschaft, 1901; Städel Museum, Frankfurt am Main; U. Edelmann / Städel Museum / ARTOTHEK. S. 97: picture-alliance / akg-images. S. 98: picture-alliance / akg-images / Erich Lessing. S. 101: picture-alliance / akg-images. S. 102: picture-alliance / dpa-Zentralbild / Peer Grimm. S. 105: picture-alliance / Mary Evans Picture Library. S. 107: Kahlo, Frida: Selbstbildnis mit offenen Haaren; Christie's Images Ltd; Christie's Images Ltd/ARTOTHEK, oeuvre: VG Bild-Kunst Bonn. S. 108: picture-alliance / akg-images. S. 111:

picture-alliance / Mary Evans Picture Library. S. 112: Valerie Loiseleux / istock.com. S. 115: picture-alliance. S. 117: picture-alliance / maxppp. S. 118: picture-alliance / akg-images. S. 121: picture-alliance / akg-images. S. 123: picture-alliance / Mary Evans Picture Library / Ronald Grant Archive. S. 124: picture-alliance / Publifoto. S. 126: Stanislav Pobytov / istock.com. S. 129: picture-alliance / Mary Evans Picture Library. S. 130: picture-alliance / akg-images / Schuetze / Rodemann. S. 133: Alina Pavlova / istock.com. S. 134: picture-alliance / maxppp. S. 136: picture-alliance / dpa. S. 139: picture-alliance / Mary Evans Picture Library. S. 141: picture-alliance / united archives. S. 142: Cole Vineyard / istock.com. S. 144: picture-alliance / imagestate / HIP. S. 146: picture-alliance / akg-images. S. 149: picture-alliance / IMAGNO / Austrian Archives. S. 150: picture-alliance / dpa / dpaweb. S. 152: picture-alliance / dpa-Zentralbild / Horst Sturm. S. 155: picture-alliance / dpa. S. 156: Andry(ii) Gudets / fotolia.de. S. 159: picture-alliance / Mary Evans Picture Library. S. 161: Morisot, Berthe: Junges Mädchen unter Orangenbäumen, 1889; Privatbesitz; ARTOTHEK. S. 163: Werefkin, Marianne von: Le forfait (Der Frevel), um 1930; Fond. Marianne Werefkin, Ascona; ARTOTHEK. S. 164: picture-alliance / akg-images. S. 167: picture-alliance / Mary Evans Picture Library. S. 168: Mary Evans Picture Library / picture-alliance. S. 171: picture-alliance / imagestate / HIP. Seite 173: Modersohn-Becker, Paula: Liegender Mann unter blühendem Baum, 1903; Städel Museum, Frankfurt am Main; Städel Museum/ARTOTHEK. S. 174: picture-alliance / maxppp. S. 176: picture alliance / imagestate / HIP. S. 178: Timur1970 / fotolia.de. S. 181: picture-alliance / akg-images. S. 183: picture-alliance / Vintage. S. 184: picture-alliance / akg-images. S. 187: picture-alliance / dpa. S. 189: wsfurlan / istock.com. S. 190: picture alliance / Mary Evans Picture Library. S. 193: picture-alliance / akg-images. S. 195: picture-alliance / dpa. S. 196: picture-alliance / akg-images. S. 198: picture alliance / Mary Evans Picture Library. S. 200: picture-alliance / akg-images. S. 203: picture-alliance / Mary Evans Picture Library. S. 204: picture-alliance / akg-images / Erich Lessing. S. 207: picture-alliance / akg-images. S. 209: picture-alliance / akg-images. S. 210: picture alliance / united archives. S. 213: picture-alliance / akg-images. S. 214: Kitty Ellis / istock.com. S. 217: picture-alliance / akg-images. S. 218: picture alliance. S. 220: Denis Sauvageau / istock.com. S. 222: picture-alliance / akg-images / Erich Lessing. S. 225: picture alliance / Mary Evans Picture Library. S. 227: picture-alliance / dpa. S. 229: fotolinchen / istock.com. S. 230: Modersohn-Becker, Paula: Bäuerin an einer Birke, 1900; LWL-Landesmuseum für Kunst und Kulturgeschichte, Dauerleihgabe des Westfälischen Kunstvereins, Münster; LWL-LMKuK /ARTOTHEK. S. 233: picture-alliance. S. 235: picture-alliance / dpa. S. 237: Caz / fotolia.de.

Friedrichstr. 9, D-80801 München

Abbildungen: Artothek, dpa, istock, fotolia
Grafische Elemente: dover
Grafische Gestaltung Innenteil: Eva Schindler
ISBN 978-3-8458-1447-6
Printed by Tien Wah Press
1. Auflage
www.arsedition.de

FSC
www.fsc.org
MIX
Papier aus verantwortungsvollen Quellen
FSC® C012700